Die
Haager Beschlüsse

über das

einheitliche Scheckrecht.

Von

Wirkl. Geh. Rat Prof. Dr. Franz Klein,
k. k. Justizminister a. D. zu Wien.

Berlin 1914.

J. GUTTENTAG, Verlagsbuchhandlung,
G. m. b. H.

Sonderabdruck aus der Festgabe für Rießer. 1913.

Wechsel und Scheck haben in Form und Äußerlichkeiten der Verwendung soviel Ähnliches, daß es nicht zu wundern ist, wenn die Bestrebungen, ein international gleiches Wechselrecht zu schaffen, auch die Vereinheitlichung des Scheckrechts aufs Tapet brachten. Wirtschaftlich gehören beide in verschiedene Rubriken: von den Beziehungen zum Auslande ausgegangen ist der Wechsel ein Glied der internationalen Kreditorganisation, der Scheck ein Instrument des internationalen Zahlungswesens. Diese Verschiedenheit zu beachten und daraus die richtigen Folgerungen zu ziehen, hat das Recht alle Ursache, sie ist aber, so oft sie auch betont wird, doch keine durchschlagende. Sie erschöpft sich nämlich größtenteils im Verhältnisse zwischen Aussteller und Remittenten, während zwischen letzterem oder weiteren Wechselinhabern und Dritten der Wechsel ebensowohl Kreditmittel als bloßes Zahlungsmittel sein kann, wie der Scheck. Der Devisenmarkt ist ein Beweis dafür und die internationale Gleichheit der Wechselrechtsnormen wird zu nicht geringem Teile gerade wegen der Zahlungsfunktion des Wechsels begehrt. Unter diesem Gesichtspunkte erscheint auch sachlich ein gleiches Scheckrecht als eine zum mindesten theoretisch notwendige Ergänzung des einheitlichen Wechselrechts.

Die wirtschaftlichen und finanziellen Gründe nachzuprüfen, die für letzteres sprechen, wäre überflüssig, hier steht man schon vor vollendeten Tatsachen. Diese haben auch für das Scheckrecht Gewicht und unterstützen die Argumente, die sich aus dem Gebrauche des Schecks als internationales Zahlungsmittel von selbst ergeben. Die Erwartungen dürfen nur nicht überspannt werden. Der Scheck wirkt sicherlich, angemessenes Zirkulieren vorausgesetzt, geldsparend und erhöht die Nutzkraft des inländischen Bargeldvorrates; ob man aber darauf rechnen kann, daß die Rechtseinheit, wie einzelne Enthusiasten voraussagen, der Knappheit und Beengung im internationalen Geldverkehre vorbeugen, die Eskompterate herabdrücken oder gar gegen Geldkrisen Schutz bieten werde, das ist doch zu bezweifeln. Es hätte sonst wohl schon bisher geschehen müssen, denn so störend, daß es dies schlechthin ausgeschlossen hätte, war die Rechtsverschiedenheit nicht, und an den territorialen Abgaben und Gebühren, die das Zu- und Abströmen schädlich beeinträchtigen können, wird durch die Rechtsgleichheit nichts geändert. Dazu kommt noch ein Umstand, der für die geschäftliche Bedeutung einer solchen Ausgleichung des Rechts sehr erheblich werden kann. In die internationale Wirtschaft, insbesondere in den Geld- und Kreditverkehr ist im letzten Jahrzehnte ein eigener Geist eingezogen, der kaum so rasch weichen dürfte. Früher wurden Wirtschaft und Politik gern einander gegenübergestellt, als sich gewissermaßen fremde Gebiete. Es gab Staatsmänner, die sich aus Schwierigkeiten zu retten suchten, indem sie Wirtschaftliches gegen Politisches ausspielten; selbst noch in neuester Zeit waren einzelne kurzsichtig und weltfremd genug, um den Umschwung nicht zu merken, der sich in diesem Verhältnisse zu vollziehen im Begriffe war. Nunmehr werden nicht bloß nötigenfalls internationale Finanzbewegungen arrangiert, um unerwünschte Maßregeln der inneren Politik zu bekämpfen, sondern Kapitalabgaben an das Ausland, die Übernahme von Emissionen u. dgl. werden ganz offenkundig, um der Politik zu dienen, gewährt oder verweigert und die bald da bald dort ausbrechenden oder angedrohten Boykotts wider die Waren von Staaten, die sich politisch mißliebig gemacht, bekunden, wie sehr der wirtschaftliche Verkehr von politischen Tendenzen durchsetzt und ihnen untertan ist. Am Ende des achtzehnten und bis in die erste Hälfte des neunzehnten Jahrhunderts gab es bei schwacher internationaler Verbindung kosmopolitischen Sinn, nun sind die Möglichkeiten internationaler Kommunikation außerordentlich reicher, doch die verschiedenen Länder und Völker haben es fast verlernt, sich als ein irgendwie Gemeinsames zu denken. Sie pochen bei jedem Anlasse auf ihre Selbständigkeit und ihre Sonderinteressen, das Nationalgefühl hat einen Hang zum Nationalismus und dieser sucht auch aus wirtschaftlichen Transaktionen Waffen wider die politischen

Gegner zu schmieden. Man denke beispielsweise an das mitunter geradezu schikanöse Handhaben und Auslegen von Zollvorschriften, um die Einfuhr aus einem Lande zu erschweren oder zu vernichten, zu dem man sich in einem politischen Antagonismus befindet u. a. Diese Erscheinung hat viele Wurzeln, sie ist gewiß nicht rein willkürliches oder zufälliges, aber es ist soweit gekommen, daß sogar schon der Vorschlag aufgetaucht ist, Lehrstühle für internationale Moral zu errichten, um dem machiavellistischen Einschlage im modernen Verkehre zwischen Ländern und Völkern einigermaßen entgegenzuarbeiten! Das ist hier zu berücksichtigen, weil der Wert internationaler Verkehrserleichterungen natürlich von Art und Richtung der wirtschaftlichen Betätigung abhängt, für die sie bestimmt sind. Je mehr Reibungen von innen heraus, desto weniger können einzelne formelle Erleichterungen leisten; was den Austausch angreift oder in Frage stellt, verringert den Nutzen von Verbesserungen der Verkehrstechnik. Diese tragen nicht ihre vollen Früchte, wenn der Wille fehlt, die wirtschaftlichen Beziehungen in rein wirtschaftlichem Geiste zu pflegen. Insofern stehen für den Augenblick die Rechtsausgleichungen in wirtschaftlichen Materien, was ihre Wirkungen anlangt, nicht gerade unter dem günstigsten Sterne.

Das ist auch auf das Einigungswerk selbst nicht ohne Einfluß. Von derartigen Gedanken erfüllt, ist man von vornherein nicht in der Stimmung, dem Zustandekommen einer international gleichen Ordnung zu viele Opfer zu bringen. Die einzelnen Länder halten vielmehr an ihrem Rechte tunlichst fest, wollen der Uniformität wegen nicht viel von ihrem Eigenwesen missen. Sie werden hartnäckiger, sind weniger geneigt, das fremde Bessere anzuerkennen und dazu überzugehen, das nationale Selbstgefühl sieht in der Rezeption fremden Rechts fast eine Niederlage des Heimischen und sträubt sich dagegen. Auch Ländern, die vielleicht darin minder empfindlich sind, wird dadurch Zurückhaltung aufgezwungen. Das ist nicht die Atmosphäre für eine Nivellierung, die unmöglich jedem alles lassen kann, was er zurzeit hat. Auch davon abgesehen, ist es übrigens fraglich, ob speziell für die Vereinheitlichung des Scheckrechts die Stunde gut gewählt ist. Bekanntlich hat sich zuerst das Institut de droit international mit dieser Aufgabe befaßt, gleich beim ersten Versuche stellte sich aber eine große Zerfahrenheit in den Ansichten heraus. Einige Länder wie England, Frankreich und die Vereinigten Staaten besitzen ein relativ altes Scheckrecht, das mit tausend Fäden in ihren Verkehr verwebt ist. Es hat sich diesem Verkehre und der Verkehr hat sich ihm angepaßt, und es glaubt daher für seine Grundsätze allgemeine Gültigkeit beanspruchen zu können. Neben den Staaten, die diesen Mustern gefolgt sind, haben sich in allerjüngster Zeit einige Gesetzgebungen entschlossen, das Recht des Schecks unter Berücksichtigung ihrer besonderen volkswirtschaftlichen und sozialen Verhältnisse auf etwas abweichende Grundlagen zu stellen. Zuerst Österreich, was zu erwähnen dem Verfasser des österreichischen Scheckgesetzes wohl nicht verübelt werden wird, dann das Deutsche Reich und Ungarn. Es ist diesen Ländern kaum zuzumuten, Rechtssätze, die im bewußten Gegensatze zum englischen oder französischen Rechte entstanden, aufzugeben, bevor sie Zeit hatten, sich einzuleben, und eine ernste Probe auf ihre Richtigkeit möglich war. Man kann deshalb über sie auch noch nicht verläßlich urteilen und sagen, wieweit darauf um der internationalen Gleichheit willen verzichtet werden kann, ohne die bis nun erzielten Erfolge zu schädigen oder künftige Erfolge in Frage zu stellen. Für die Staaten des modernen Scheckrechts kommt vielleicht die Unifizierung zu früh. Es ist nichts geschehen, was sie an den neuen Sätzen irremachen könnte, es war aber auch die Zeit noch zu kurz, um andere davon zu überzeugen, daß diese Sätze vielleicht den Vorzug vor ihrem Rechte verdienen. Konservatives Verhalten auf beiden Seiten ist dann ganz natürlich. Um so unwahrscheinlicher wird es, daß sie sich auf einer mittleren Linie treffen, zumal wenn etwa zugleich ihr wirtschaftlicher Status der Rechtssetzung verschiedene Ziele steckt: da Erhalten, dort Einbürgern und Ausdehnen.

Die Vorbereitungen für ein einheitliches Scheckrecht, soweit sie bis jetzt gediehen sind, geschahen in zwei Etappen. Die erste endigte mit der Aussendung eines Questionnaires an die Konferenzstaaten, das dazu bestimmt war, zunächst deren Ansichten über die wichtigsten Punkte zu sammeln, die in einem gemeinsamen Scheckgesetze zu regeln wären. Die zweite Etappe (1912) bildeten Beratungen über den Inhalt dieses Gesetzes, die zu Beschlüssen über sämtliche in jenem Questionnaire enthaltenen oder im Anschlusse daran aufgeworfenen Fragen führten. Diese Beschlüsse sind vorläufig das erste konkrete Ergebnis der Einheitsbestrebungen. Noch kein Land hat sich an sie gebunden, die Abstimmungen lassen aber vermuten, wie sich ungefähr die in der Konferenz vertretenen Regierungen zu den Hauptproblemen der Rechtsausgleichung stellen dürften. Es war eine Rekognoszierung, die noch nichts entschieden hat, aber wertvolle Aufklärungen brachte. Falls es nicht schon geschehen ist, wäre es sehr zu begrüßen, wenn entweder das Deutsche Reich oder Österreich sämtliche auf den Scheck sich beziehenden Materialien, Verhandlungen und Beschlüsse aus den Akten der Haager Konferenz von 1912 veröffentlichen wollte. Im Deutschen Reichstage wurde in der Debatte über die Genehmigung der Wechselrechts-Konvention bedauert, daß über Verlauf und Ergebnis der Konferenzen nicht schon früher irgendwelche amtliche Informationen erfolgt sind. Man sollte hinsichtlich des Scheckrechts nicht ebenso schweigsam sein. Es kann dem Werke nur zustatten kommen, wenn allen rechtzeitig Gelegenheit geboten wird, sich übei die in Erwägung stehenden Normen ein Urteil zu bilden, die an der Einführung des neuen Scheckrechts Anteil gehabt und ihre mehrjährigen Erfahrungen nun zugunsten der einen oder anderen Lösung geltend machen könnten. Gesetzentwürfe, die in das Geschäftsleben eingreifen, werden jetzt fast regelmäßig, bevor sie an die gesetzgebenden Körper gelangen, veröffentlicht, um im weiten Umfange solche Begutachtungen anzuregen. Es ist nicht einzusehen, warum hier davon abgegangen werden soll, sofern das einheitliche Scheckrecht das Landesrecht abändern soll. Wenn einmal dem Parlamente fertige Gesetzentwürfe vorgelegt werden, dann sind in internationalen Dingen die Regierungen meist schon mehr oder weniger verpflichtende Engagements eingegangen, an denen zu rütteln sich die Vertretungskörper in der Regel nicht leicht entschließen. Darum sollte hier die Öffentlichkeit zum Worte gelangen, ehe in einer neuen Konferenz der Inhalt des einheitlichen Gesetzes präzise festgestellt wird. Das fachliche Wissen der Delegierten und ihre ausgezeichnete Kenntnis der Verhältnisse in Ehren, empfiehlt es sich doch, auch zu hören, was nichtamtliche Personen und Korporationen sagen. Einmal weil der Reichtum des heutigen wirtschaftlichen und Rechtlebens so groß ist, daß auch die Bestunterrichteten immer wieder auf neues stoßen, das ihnen bis dahin vielleicht entgangen ist, und dann weil diese „freien" Äußerungen ein Gegengewicht gegen die Stimmungen sein können, denen sich die Teilnehmer an solchen international beschickten Konferenzen auf die Dauer nur schwer zu entziehen vermögen. Naturgemäß entwickelt sich in jeder solchen Versammlung eine Art Korporationsehrgeiz, sie wünscht auf ein positives Resultat hinweisen zu können, und das beständige Zusammenarbeiten verpflichtet ungewollt zu manchem Entgegenkommen und zu Nachgiebigkeiten, die mehr durch Courtoisie als sachlich begründet sind. Es ist daher zum mindesten vorsichtig, solange es nicht zu spät ist, die öffentliche Meinung des Inlandes sich darüber aussprechen zu lassen, ob und wieweit das vorläufig Beschlossene für das heimische Geschäftsleben annehmbar ist. Die Jugend des deutschen und österreichischen Scheckrechts und die noch fortdauernde Kooperation von Kaufleuten und Juristen behufs seiner praktischen Durchführung heischen dies um so dringender.

* * *

Eine Übersicht über den Gang der Haager Scheckrechts-Verhandlungen[1]) wird am besten zu erreichen sein, wenn man sie nach den einzelnen Gegenständen zerlegt, mit denen sie sich beschäftigen mußten. Die verschiedenen Probleme treten auf diese Weise plastischer heraus. Jedem von ihnen bis ins letzte nachzugehen, ist für den Zweck dieser Studie nicht nötig. Die Übersicht soll, um vollständig zu orientieren, das Selbstverständliche ebenso enthalten wie das Zweifelhafte; zu dogmatischen oder rechtspolitischen Erörterungen wird allerdings nur das letztere Anlaß geben.

1. Legaldefinition des Schecks. Die Meinung überwog, das einheitliche Gesetz habe von einer solchen abzusehen, weil es schwer oder gar unmöglich sei, eine Formel zu finden, die eine klare, genaue Begriffsbestimmung geben und sowohl allen Staaten genügen wie allen jeweiligen Bedürfnissen des Handels entsprechen würde.

2. Scheckklausel. Sie wird namentlich von Frankreich perhorresziert, aus Abneigung gegen bloße Formvorschriften und, weil man dem Handel nichts zumuten will, das mit seinen Anschauungen und Gepflogenheiten im Widerspruche steht. Das sind allgemeine Erwägungen, die sich gegen jeden Fortschritt, gegen jede Änderung kehren. Der tiefere Grund ist wohl die Scheu, Wechsel und Scheck, die in England, Frankreich und Belgien seit langem als eine Gattung betrachtet werden (Sichtwechsel), kategorisch zu sondern

---

[1]) Zugrundegelegt ist die vom Niederländischen Ministerium des Äußern veranstaltete Publikation: Conférence de la Haye pour l'unification du droit en matière de lettre de change, de billet à ordre et de chèque, 1912. Actes, Tome II. — Documents, Tome II.

Darum würde man es auf dieser Seite auch am liebsten gesehen haben, wenn der Scheck im Gesetze direkt als Wechsel bezeichnet worden wäre. Der Beschluß lautete jedoch dahin, daß die Bezeichnung als Scheck in den Text der Urkunde aufgenommen werden müsse, vorbehaltlich der Befugnis der einzelnen Staaten, für ihre Territorien neben dem Worte „Scheck" die Einschaltung eines Synonyms in der Landessprache vorzuschreiben. Mangelt die Scheckklausel, so soll das Papier nicht als Scheck gelten und nur insoweit Rechtswirkung haben, als ihm solche nach Zivil-, Handels- oder Wechselrecht zukommt. Das ist mit dem österreichischen und deutschen Recht im Einklange.

3. Guthabenklausel. Sie war einem Kreuzfeuer von Einwendungen ausgesetzt, gegen das die Vertreter des Deutschen Reichs und Österreichs schweren Stand hatten, als sie die Beziehung auf das Guthaben im Texte des Schecks verteidigten. Die Gegner beriefen sich vor allem darauf, daß der Bankier einem Kunden auch ohne vorläufige Deckung ein Konto eröffnen könne. Die Existenz eines Guthabens genüge aber auch an und für sich nicht, es sei außerdem notwendig, daß vor der Scheckausfertigung zwischen Aussteller und Bankier über die Verwendung des Guthabens zur Einlösung von Schecks und ihre Modalitäten Verabredungen getroffen seien. Es wurde ferner diese Klausel als eine überflüssige Formalität erklärt und davor gewarnt, unnötige Nichtigkeiten heraufzubeschwören usw. Man kennt diese Argumente, sie marschierten ohne Ausnahme wieder auf. Auch die Vertreter von Ländern, deren Gesetzgebung, wie beispielsweise die französische, verlangt, daß der Bezogene für den auf ihn ausgeschriebenen Scheck Deckung haben müsse, versagten der Guthabenklausel ihre Stimme und diejenigen, die zum mindesten theoretisch deren Berechtigung zugaben, zögerten doch, sie zu einem wesentlichen Erfordernisse des Schecks zu erheben. Das Ergebnis war, daß mit einer Mehrheit von 16 gegen 4 die Guthabenklausel fiel. Der Antrag, in der künftigen Scheckrechts-Konvention — der weite Sack für alle unlösbaren Differenzen — den Landesgesetzgebungen freizustellen, die Guthabenklausel vorzuschreiben, wurde ebenfalls verworfen und nur das eine zugegeben, daß es auch fernerhin erlaubt sein werde, sich in der Scheckurkunde auf ein für die Bezahlung zu verwendendes Guthaben zu berufen. Dies beeinträchtige — meinte man — nicht den Charakter des Schecks als eines mandat pur et simple. Ein Gesetz, das diesen Beschlüssen gemäß redigiert wäre, würde Österreich und

das Deutsche Reich vor einen ernsten Entschluß stellen. Ihre Gesetzgebungen haben sich für die Guthabenklausel nicht leichthin entschieden, es war ein Schritt, der erst nach reiflicher Würdigung des ausländischen Rechts und der in der Wissenschaft für und wider geäußerten Ansichten und nach Befragung bewährter und erfahrener Männer der Praxis getan wurde. Die dabei leitenden Gedanken zu rekapitulieren ist überflüssig. Die deutschen und österreichischen Vertreter haben sie ebenso wie die Gründe, die an dieser Norm festzuhalten raten, des öfteren während der Beratungen erschöpfend dargelegt, und man empfängt aus den Protokollen der Kommissions- und Plenarsitzungen nicht den Eindruck, daß ihre Ausführungen meritorisch irgendwie entkräftet oder widerlegt wurden. Im Gegenteile, eine der vorbereitenden Kommissionen, die vierte, war sogar einstimmig der Ansicht, daß im Scheck die verfügbaren Mittel, aus welchen Zahlung zu leisten ist, zu erwähnen seien, und schloß sich in ihren Gründen vollständig den Gesichtspunkten an, die für die österreichische und deutsche Gesetzgebung maßgebend waren. Es ist ebenso unrichtig, die Guthabenklausel, die allerdings auch dem Deutschen Handelstage von 1912 unwesentlich schien, als eine bloße Formalität abzutun, als die Angst vor „Nullitäten" überhaupt ein stichhaltiges gesetzgeberisches Motiv ist. Keiner der kontrahierenden Staaten wird dem anderen seine Gedanken über Gesetzgebung oder über bestimmte Institutionen um jeden Preis aufdrängen wollen, eine internationale Gleichheit ist aber nur herzustellen, wenn auch jedem einzelnen Staat gelassen wird, was er für seine Verhältnisse wesentlich hält. Darum ist es wirklich nicht zu verstehen, warum das in der Konferenz wiederholt angewendete Auskunftsmittel, nationalen Besonderheiten und Wünschen durch einen Vorbehalt in der Konvention Rechnung zu tragen, in diesem Punkte so unbedingt abgeschnitten und verweigert wurde, obschon die Darlegungen der Delegierten und ihr Votum keinen Zweifel ließen, daß es sich um eine für das Deutsche Reich und Österreich höchst wichtige Frage handle. Ohne der Schlußbilanz vorzugreifen, wird man behaupten dürfen, daß ein Aufgeben der Guthabenklausel in keinem der beiden Ländern viel Beifall finden möchte. Die Duldung, die man ihr gnädigst gönnen will, ist ohne Belang, wenn die Landesgesetzgebung, wo sie auf dieses Erfordernis Wert legt, nicht unmittelbar oder mittelbar auf dessen Einhaltung hinwirken kann. Bei der Beratung wurde zwar bemerkt, daß die nationale Gesetzgebung mit dem Mangel der Klausel zivil- oder strafrechtliche Folgen verbinden könne, doch die absolute Verwerfung dürfte nach der Ansicht der Abstimmenden wohl den Sinn gehabt haben, daß diese Cynosur ausgeschlossen sein solle.

Das Resultat, zu dem die Konferenz gelangte, befremdet namentlich, wenn die Beschlüsse damit verglichen werden, die in Sachen des Guthabens selbst gefaßt wurden. Danach sollen nämlich Schecks nur auf Personen und Anstalten ausgeschrieben werden dürfen, bei welchen der Aussteller ein Guthaben besitzt, über das er nach der Vereinbarung mit dem Bezogenen mittels Schecks verfügen kann. Ferner soll der Begriff des Guthabens im weitesten Sinn genommen werden, so daß es nicht bloß Geld- oder Effektendepots, sondern auch fällige Forderungen an den Bezogenen, offenen Kredit usw. umfaßt, wie es das deutsche Scheckgesetz definiert hat. Das werden freilich im einheitlichen Scheckgesetze nur Sollvorschriften sein, weil es die Gültigkeit und Rechtsverbindlichkeit des Schecks nicht berühren wird, wenn die beiden Bedingungen unerfüllt bleiben, es wird jedoch durch die Beschlüsse jedem Staate freigestellt, das Soll in ein Muß zu verwandeln, indem er die Ausfertigung oder Begebung von Schecks, denen solche Deckung fehlt, mit zivil-, straf-, gebühren- oder stempelrechtlichen Folgen bedroht. Zwischen diesen Beschlüssen und den früher erwähnten über die Guthabenklausel besteht ein innerer Widerspruch. Die Opposition gegen die Klausel ist unverständlich, wenn das Gesetz selbst ein verfügbares Guthaben tatsächlich fordert. Erklärt und bestätigt sie, was nach dem Gesetze jedesmal vorausgesetzt werden muß, so ist die Guthabenklausel keine überflüssige Formalität, sondern eine sehr heilsame Nötigung zur Gewissenserforschung und zur Prüfung des jeweiligen Kontostandes und eine Warnung, keine ungedeckten Schecks auszugeben. Das wurde seinerzeit wiederholt von J. Rießer und nun auch in den Haager Beratungen wieder hervorgehoben. Es wird durch die Beschlüsse über das Guthaben auch der Einwand hinfällig, daß ein Guthaben nicht nötig sei, weil der Bankier ohne Deckung Kredit zusichern könne, das ist eben das disponible Guthaben, und ebensowenig läßt sich die Klausel damit bekämpfen, daß außer dem Guthaben auch ein Übereinkommen über die Scheckeinlösung vorliegen müsse, wenn nach jenen Beschlüssen das einheitliche Gesetz eine solche Abrede gleichfalls als wesentlich unterstellt. Nicht minder grell ist der Widerspruch in bezug auf die

Vorbehalte für die einzelnen Staaten. Es ist gelinde gesagt irrationell, die kontrahierenden Staaten zu ermächtigen, genügende Fonds für die Scheckeinlösung mittels aller ihnen gut scheinenden gesetzlichen Repressivnormen vorzusehen, und ihnen in einem Atem die Berechtigung zu versagen, über diesen von ihrem Standpunkte dann zweifellos rechtlich sehr erheblichen Umstand im Kontexte des Schecks eine Notiz zu fordern! Es könnte dadurch das Vertrauen zum Scheck doch nur wachsen! Angesichts eines sachlich so seriös genommenen Erfordernisses ist die zarte Fürsorge, Nichtigkeiten zu vermeiden, ganz und gar unangebracht. Wo Wesentliches fehlt, ist das Ausbleiben der rechten Wirkung unvermeidlich. Diese zwiespältigen Beschlüsse können nicht das letzte Wort sein, bei den weiteren Verhandlungen wird der Widerspruch bereinigt werden müssen. Einstweilen ist er jedenfalls symptomatisch, denn es ist danach offenbar, daß die Haltung der Mehrheit in der Frage der Guthabenklausel entweder Mißverständnis oder Vorurteil ist. Die Minderheit wird sich deshalb noch nicht geschlagen geben dürfen. Mit den zuletzt besprochenen Beschlüssen haben ihr die Gegner selbst bestätigt, daß sie Richtiges gewollt hat und zum Nachgeben absolut kein Anlaß ist.

Nach dem österreichischen Scheckrechte darf im Scheck die Zahlung weder von einer Gegenleistung der Zahlungsempfänger, noch von einer Bedingung abhängig gemacht sein. Im Deutschen Reiche hielt man es für überflüssig, dies besonders auszusprechen, da es schon im Wesen einer bei Sicht zahlbaren Anweisung liege. Ob dem wirklich so ist, sei dahin gestellt, wird der Scheck als Mandat behandelt, dann sollte es vielleicht nicht unterlassen werden, die Unstatthaftigkeit von Gegenleistung oder Bedingung ausdrücklich zu statuieren, da das territoriale Recht des Mandats bekanntlich manche Verschiedenheiten aufweist und das einheitliche Gesetz eine Lücke hätte, wenn sich diese Verschiedenheiten auch auf den Scheck erstrecken würden.

4. Passive Scheckfähigkeit. Zu einer ähnlichen Komplikation wie die im vorigen Punkte erwähnte, diesmal jedoch nur für Österreich, haben die Beschlüsse über die passive Scheckfähigkeit geführt. In welchem Umfange sie bestehen soll, darüber gingen die Meinungen weit auseinander, zuletzt sprach sich aber die Konferenz mit geringer Mehrheit gegen die allgemeine Scheckfähigkeit aus. Schecks sollen nur auf Banken, Bankiers oder auf gesetzlich

bestimmte Anstalten ähnlicher Kategorien ausgestellt werden dürfen. Daneben wird die Konvention, wie gleichzeitig beschlossen wurde, den einzelnen Ländern die Befugnis einräumen, es mittels Landesgesetzes zu gestatten, daß Schecks (gewöhnliche und gekreuzte) auch auf Personen und Anstalten gezogen werden, die keiner der im einheitlichen Gesetze genannten scheckfähigen Gruppen angehören. Das macht, nebenbei bemerkt, die Entscheidung über die Guthabenklausel noch auffälliger, denn die hier gewährte Latitüde betrifft unleugbar einen der Einheitlichkeit des Scheckrechts ungleich abträglicheren, ihr weit mehr präjudizierenden Punkt als jene Klausel. Die Ausstellung von Schecks auf nicht scheckfähige Personen oder Institute soll nur „fiskalische", gebühren- oder stempelrechtliche Nachteile haben. Diese Beschlüsse gehen dem deutschen Scheckrechte durchaus parallel. Ebenso dem österreichischen Gesetze, bis auf das eine, daß sich nach letzterem die Überschreitung der gesetzlichen Grenzen nicht durch eine Stempelerhöhung sühnen läßt, sondern ein Scheck auf einen nicht scheckfähigen Bezogenen keine Verbindlichkeit im Sinne des Scheckgesetzes erzeugt. Einer solchen Urkunde gehen die spezifisch scheckrechtlichen Wirkungen ab. Davon abzugehen, hat die österreichische Gesetzgebung keine Ursache. In den Verhandlungen im Haag hat sich von neuem die Überzeugung kundgegeben, daß der Scheck nur durch Konzentration bei den berufsmäßigen Stellen der Geldansammlung und des Geldumlaufes und nur im Zusammenhange mit einem großen Systeme von Zahlungen mittels Gutschrift die finanziellen und volkswirtschaftlichen Zustände zeitigen kann, deren wegen man ihn begünstigt. Das konnte selbst von den Anhängern der allgemeinen Scheckfähigkeit nicht verneint werden. Volkswirtschaftlich hat demnach ein Scheckgesetz keine wichtigere Vorschrift als die, wodurch die Schecks im Kreise der Banken, Bankiers und Geldinstitute festgehalten werden, und es ist nur logisch, wenn man nicht just mit dieser Vorschrift die leichteste, schwächste und sozusagen fungibelste Sanktion verknüpft. Kann ein Scheck, weil er an eine Stelle außerhalb dieses Kreises adressiert ist, seine bestimmungsgemäße volkswirtschaftlich-finanzielle Funktion von vornherein nicht erfüllen, so soll er auch nicht nach dem Gesetze beurteilt werden, das in seinen sämtlichen Normen die Wahrung dieser volkswirtschaftlichen Interessen vor allem im Auge hat. Von dieser konsequenten rechtspolitischen Logik kann die Gesetzgebung abgehen, wenn sie glaubt, daß schon gelindere Maßregeln ausreichen würden, um das richtunggebende wirtschaftlich-finanzielle Ziel zu erreichen; das ist aber nach Land und Leuten, Gebräuchen und Geschäftssitten usw. zu bemessen und widerstrebt naturgemäß der Schablone. Hat es sich eine Gesetzgebung überlegt und mit fast ausnahmsloser Billigung im Lande sich für die strengere Sanktion entschieden, so wird man nicht anraten können, wenige Jahre später plötzlich einen anderen Kurs einzuschlagen, am allerwenigsten dann, wenn die Änderung aus Gründen erfolgen soll, die nicht den eigenen inneren Verhältnissen, sondern lediglich der Rücksicht auf die Normen anderer Länder entnommen sind. England, in dem das Scheckwesen mehr als irgendwo sonst populär ist, sträubt sich dagegen, sein Scheckrecht anzutasten, obwohl die allgemein eingewurzelte Gewöhnung an dieses Zahlungsmittel und die Sitte des Scheckgebrauches durch einzelne Akkomodierungen oder neuere Auffassungen wahrscheinlich wenig leiden möchten. Um so weniger kann man von einem Lande, in dem der Gebrauch des Schecks erst in der Entfaltung begriffen ist und noch manche Vorurteile zu überwinden hat, Änderungen fordern oder erwarten, die das Rückgrat des Scheckverkehrs treffen, indem sie das Verbot des Ziehens auf scheckunfähige Personen und Anstalten dem freien Belieben ausliefern. Jedermann hat dann die Wahl, je nachdem es ihm konveniert und die Gebührenberechnung sich stellt, Schecks auf alle Welt auszuschreiben, und die Erziehung des Publikums zu einer finanzpolitisch und volkswirtschaftlich gesunden und nützlichen Verwendung des Schecks, der die fragliche Vorschrift des österreichischen Rechts in erster Reihe dienen soll, ist damit aufgegeben, ganz davon zu schweigen, wie leicht und wie gründlich das gesamte Scheckwesen durch eine Ausdehnung auf hierzu ungeeignete Schichten von Bezogenen kompromittiert werden kann. Die gegenwärtige Sanktion des österreichischen Gesetzes, die einen vernünftigen ökonomischen und sozialen Sinn hat, würde diesen durch den Übergang zum Grundsatze der Geldstrafe verlieren. Letztere ist rechts- und wirtschaftspolitisch gleich unfruchtbar; dem Fiskus soll daraus ein Vorteil erwachsen, daß die Volkswirtschaft durch verfehlte, unzweckmäßige Akte geschädigt wird, als ob der Schaden dadurch irgendwie vermieden oder gutgemacht würde! Bei einer Beratung im Ausschusse des Deutschen Handelstages (1912) nannte ein Redner die fiskalische Sanktion ein „schwächliches Kompromiß" und fügte bei, es dürfe die Frage der passiven Scheckfähigkeit nicht auf dieses fremde Gebiet verschoben werden. In den Verhandlungen der mitteleuropäischen Wirtschaftskonferenz in Brüssel (1912) wurde außerdem hervorgehoben, daß eine Vereinheitlichung der Finanzgesetze nicht zu erhoffen sei und daher das einheitliche Scheckgesetz diese Sanktion nicht enthalten könne[2]). Die „Einschränkung der Qualifikation des Bezogenen" wird infolge dieser Ungleichheit tatsächlich in jedem Lande etwas anderes. Länder, die mit der allgemeinen Scheckfähigkeit sympathisieren, können einen minimalen Strafzuschlag ansetzen und damit die Beschränkung aller Wirkungen berauben.

Es ist nach dem Gesagten verfehlt, diese Frage lediglich aus der Perspektive desjenigen zu beurteilen, der sich mittels Scheck bezahlen läßt. Die gesetzliche Regelung des Scheckwesens geschieht nicht um der Bequemlichkeit des Schecknehmers willen, wenigstens von den neuen Gesetzen gilt das sicher. Die Beschränkung der passiven Scheckfähigkeit ist für solche wirtschaftliche Unternehmen oder Unternehmer, die gern als Bezogene figurieren möchten, eine unangenehme Verkürzung, das Interesse der Allgemeinheit wird aber ohne Zögern vorangestellt. Darum darf auch, wenn dieses Interesse eine schärfere Sanktion erheischt, nicht gesäumt werden, sie anzuwenden. Ein Mitglied der Konferenz, das für die fiskalische Reaktion gegen „Simili-Schecks" eintrat, meinte, den sozusagen unechten Schecks solle die Tür nicht ganz offen stehen, er wolle für sie nur ein ganz kleines Loch lassen. Das ist eine witzige Täuschung, welche die biologischen Gesetze des Rechtslebens und der staatlichen Rechtsordnung verkennt. Das Rechtsleben hat überall und immer den Hang, die positiven Normen auszuweiten, auszuhöhlen, zu untergraben, zu schwächen, zu überfluten, sie für seine immer expansiven natürlichen und persönlichen Wünsche und Zwecke zu appretieren. Das geschieht den festesten, bestgeschützten Normen. Rechtssätze, die schon gebrechlich und knochenweich auf die Welt kommen, verlieren meist binnen kurzem jeden prohibitiven Effekt. Namentlich wenn der Scheck etwas vom Wechsel verschiedenes bleiben soll, wird man vor allem verhüten müssen, daß er gebühren- und stempelrechtlich zum Wechsel hingedrängt werde. Diese Erwägungen waren seinerzeit für den nun

---

[2]) Veröffentlichungen der mitteleuropäischen Wirtschaftsvereine, Leipzig 1912, S. 47.

Recht gewordenen Vorschlag bestimmend, im österreichischen Gesetze der Zahlungsaufforderung an einen nicht scheckfähigen Bezogenen die Eigenschaft eines echten vollgültigen Schecks abzuerkennen. Sie haben heute kaum etwas an Richtigkeit verloren und sind bis jetzt wenigstens durch die Entwicklung der Verhältnisse noch nicht überholt worden. Darum wird die österreichische Gesetzgebung bei der geltenden Sanktion zu beharren haben, die internationale Vereinheitlichung darf — wie gesagt — dem einzelnen Staat keinen Nachteil bringen oder ihn auch nur der Gefahr von Nachteilen aussetzen. Darum hat man, obwohl die Beschränkung der passiven Scheckfähigkeit in großen Staaten den Grund- und Eckstein des Scheckverkehrs bildet, Staaten, die darüber anders denken, die Erweiterung der Scheckfähigkeit nachgelassen, und darum wird auch für Österreich der ungleich geringere Vorbehalt verlangt und genehmigt werden müssen, daß es die Sanktion dafür auch in Zukunft nach seinem Bedürfnisse und Ermessen gestalten könne. J. Rießer hat auf der Budapester Scheckkonferenz der mitteleuropäischen Wirtschaftsvereine (1907) betont, von prinzipieller Wichtigkeit sei nur, daß die passive Scheckfähigkeit in den verschiedenen Ländern genau dieselbe bleibe, „was im Hintergrunde steht, ob der eine Staat den Scheck bei Verstoß gegen die Vorschriften über die passive Scheckfähigkeit für ungültig erklärt oder ob er nur eine Stempelstrafe androht, das ist relativ gleichgültig, die Konsequenzen kann jedes Land für sich ziehen."[3]) Die Beschlüsse, wie sie nun vorliegen, entsprechen dem nicht. Es mangelt ihnen die innere Symmetrie. Sie sind nachgiebig in der Hauptsache und starr in Nebendingen; sie vermindern die Bürgschaften, daß der nationale und internationale Zahlungsverkehr aus der Vereinheitlichung Vorteil ziehen werde, und sorgen an Stelle dessen, und zwar an einer unrechten Stelle, väterlich für den Remittenten. Auf diese Weise mag man die Zahl der Schecks vermehren, ihre geldersetzende Funktion und ihr Segen für die Zahlungsvermittlung wird dadurch nicht erhöht. Das Verbot anderer als fiskalischer Nachteile macht der formell aufgegebenen allgemeinen Scheckfähigkeit wieder den Weg frei. Es ist ein Akt in favorem der letzteren und fällt denjenigen Gesetzgebungen in die Arme, die mit allen nach der Art des inländischen Zahlungs-

[3]) Veröffentlichungen der mitteleuropäischen Wirtschaftsvereine in Deutschland, Heft V, Berlin 1908, S. 76.

wesens gebotenen Mitteln den Scheckverkehr in die Arterien leiten wollen, die zu den Herzkammern der modernen Geldwirtschaft führen.

5. Remittent. Der Scheck kann auf den Namen einer Person, an deren Order oder auf den Inhaber lauten. Der Aussteller kann den Scheck an seine eigene Order ausschreiben, ein Scheck, in dem sich der Aussteller als Zahlungsempfänger bezeichnet, darf aber nicht auch Inhaberscheck sein. Er würde sich sonst, wie gesagt wurde, zu sehr der Banknote nähern. In diesen Fragen gab es keinen Dissens. Der zuletzt erwähnte Beschluß dürfte sowohl über das deutsche wie über das österreichische Scheckgesetz hinausgehen, keines von beiden verwehrt eine solche Kombination und auch das gegen sie angeführte Moment dürfte nur teilweise zutreffen, eine Verkürzung häufig eintretender legitimer Bedürfnisse ist jedoch kaum davon zu besorgen.

6. Zahlungsort. Mit den Regeln, die dafür gelten sollen, befaßte sich die Konferenz zunächst mehr kursorisch. Es herrschte die Meinung vor, daß in dieser Hinsicht tunlichst auf die einschlägigen Normen des einheitlichen Wechselgesetzes Bezug zu nehmen sei. Die Konferenz schien im übrigen dem vom österreichischen Rechte etwas abweichenden Systeme des deutschen Gesetzes zuzuneigen. Der domizilierte Scheck stieß auf Gegnerschaft, während der sogenannte Zahlstellen-Scheck Aussicht auf Anerkennung hat. Es würden danach Schecks statthaft sein, die an einem oder mehreren vom Zahlungsorte verschiedenen Orten bei Sukkursalen, Korrespondenzstellen usw. der bezogenen Bank einkassiert werden können. Das Detail, insbesondere wo in einem solchen Falle Protest aufzunehmen sei, blieb vorläufig unentschieden.

7. Zahlungszeit. Schecks sind nach den meisten Gesetzgebungen bei Sicht zahlbar, Italien erlaubt Schecks, die eine bestimmte Zeit nach Sicht einzulösen sind, ist aber bereit, wie sein Delegierter in der Konferenz mitteilte, diese Besonderheit aufzugeben. Dieser Punkt erledigte sich demnach von selbst. Auch darüber einig zu werden, welche Rechtsfolge eine andere Bezeichnung der Verfallszeit haben solle, ist leider nicht gelungen. Die Verschiedenheiten der Landesrechte wirkten nach und es standen sich zwei Gruppen gegenüber. Die eine betrachtet eine solche Urkunde nicht als Scheck, sie ist als Scheck ungültig, für die zweite ist jede andere Bezeichnung der Zahlungszeit nicht geschrieben; der Scheck ist hiernach unter allen Umständen bei Sicht zahlbar, mag er keine oder was immer für eine

andere Verfügung enthalten. Erstere Ansicht vereinigte die Mehrheit auf sich, in der sich seinem Scheckgesetze zufolge auch das Deutsche Reich befand. Die österreichischen Delegierten pflichteten der zweiten Ansicht bei. Das Stimmenverhältnis war 12 zu 7. Die sonst so beredt ins Treffen geführten Befürchtungen vor der Häufung von Nichtigkeiten waren nicht stark genug, um von der Einführung einer der entbehrlichsten Nichtigkeiten abzuhalten, die, worauf auch der niederländische Vertreter hinwies, zur Folge hat, daß der Zeitsicht-Scheck nun kraft einheitlichen Gesetzes in jedem Lande anders behandelt werden wird, einmal als Wechsel, ein anderes Mal als einfache zivilrechtliche Anweisung, anderswo wieder als eine gänzlich unwirksame Urkunde. Gegen die Auffassung der Minderheit wurde hauptsächlich dreierlei vorgebracht: es würde das Ignorieren der fehlerhaften Zeitbestimmung dem Willen der Parteien widersprechen, es führe ferner zu einer Täuschung des Ausstellers, der die sofortige Präsentation nicht wünschte, und es könne den Aussteller insofern benachteiligen, als er nicht rechtzeititg Deckung für den Scheck bereitstellen werde. Das sind Bedenken, die jedem zwingenden Rechtssatze entgegengehalten werden können und deshalb nichts beweisen, weil die Gesetzgebungen trotzdem in einem fort mit zwingendem Rechte operieren, und es ist auch in Wahrheit der Kern des Streites, ob die Vorschrift über die Einlösung des Schecks ius cogens sein soll und kann. Daß sie es sein soll, ergibt sich daraus, daß die Zahlbarkeit bei Sicht auch nach den in der Konferenz geäußerten Ansichten dem Scheck wesentlich ist, weil er nur dann wirklich Zahlungsmittel ist. Diese Hauptfunktion darf doch nicht dem Belieben der Parteien überlassen werden. Daß aber zwingendes Recht in diesem Punkte geschaffen werden kann, ist angesichts der Einfachheit des Rechtssatzes um so weniger zweifelhaft als die Wahl des Schecks als Zahlungsmittel ganz frei ist und genug andere Zahlungsformen offenstehen, wenn die Umstände die Ausstellung eines bei Sicht zahlbaren Schecks verhindern. Die Kenntnis, daß eine als Scheck bezeichnete Urkunde unbedingt bei Sicht eingelöst werden müsse, wird bald Gemeingut aller, die mit Schecks manipulieren. Das ist eine Norm, deren einleuchtende Selbstverständlichkeit kaum übertroffen werden kann, und es wäre um die Rechtskenntnis wohl besser bestellt, wenn die Rechtsordnung bloß aus solchen Vorschriften bestehen würde. Deswegen ist, was die Mehrheit der Konferenz beschlossen hat, ein Umweg und ein Verstoß gegen die Rechtsökonomie, die durch die Rücksicht auf den Aussteller nicht entschuldigt wird. Mit dieser Rücksicht hat es eine eigene Bewandnis. Wer mittels Scheck zahlt, muß wissen, daß er auch auf diese Weise sogleich zu zahlen hat, daß einen Scheck geben nicht Stundung bedeutet. Er muß wissen, daß die kurze Präsentationsfrist von der Aushändigung an läuft und er während dieser Frist, die eben deshalb nicht länger als unbedingt notwendig sein darf, an der Deckung nicht rühren darf. In der Rücksicht für den Aussteller spielt daher ein falscher Gesichtspunkt, der Gedanke des Kreditierens mit: der Aussteller will, wie es auch in der Konferenz gesagt wurde, daß sein Zeitsicht-Scheck erst an einem bestimmten späteren Tage und nicht früher zahlbar sei. Erst für diesen späteren Zeitpunkt will er das Geld schaffen. Dieses von ihr in den Diskussionen mit soviel Nachdruck abgelehnte Kreditmoment begünstigt die Konferenz mittels ihres Beschlusses mit Unrecht. Solchem Vorhaben des Ausstellers darf das Scheckrecht nicht mit Schonung begegnen, hier heißt es, den Zahlungsgedanken unbeugsam durchsetzen und das geschieht nur durch die gesetzliche Statuierung der Pflicht, unangesehen irgendwelcher Befristungen sofort zahlen zu müssen, wie es die Idee des Schecks gebietet. In der Ungültigkeit des Schecks triumphiert das Kreditprinzip um so mehr, als nun der Aussteller gemächlich mit der Zahlung warten kann, ausgenommen den nach deutschem und österreichischem Rechte wohl nie vorkommenden Fall, daß ein Zeitsicht-Scheck als Wechsel präsentiert und eingeklagt wird. Die Verteidiger der Ungültigkeit haben in der Hitze des Gefechts eine Sanktion beschlossen, die den Scheck geradewegs zum Kreditmittel macht; es wäre dann für den Remittenten fast besser, das Gesetz würde gleich die Frist nach Sicht anerkennen, er käme damit meistens viel früher zu seinem Gelde als mittels der Ungültigkeit. Seltsam genug wurden übrigens in der Konferenz bei dieser Frage die Interessen des Schecknehmers überhaupt nicht erörtert, obwohl er doch die Zahlung beanspruchen kann und sie nun infolge der Ungültigkeit des Schecks in der Regel erst mit allerlei Weiterungen erhalten wird. Für das österreichische Recht, dem hier abermals obliegen würde, eine energische gegen eine laxe Vorschrift auszutauschen, wäre somit die Annahme der in der Konferenz beschlossenen Norm keine Verbesserung. J. Rießer hat dem Standpunkte des österreichischen Gesetzes schon auf der früher erwähnten Scheckkonferenz in Budapest den Vorzug gegeben und dabei vorausgesetzt, daß er damit die Meinung aller Teilnehmer an der Konferenz zum Ausdrucke bringe[4]).

8. Indossament. Die Beschlüsse über diesen Gegenstand bringen einzelne Abweichungen von den in Deutschland und Österreich geltenden Vorschriften, die jedoch durchschnittlich nicht so bedeutsam sind, daß sie eine Einigung hindern würden. Namenschecks sollen giriert werden können, wenngleich die Orderklausel fehlt. Auf den Aussteller lautende Namenschecks sind weder auf Inhaber noch mittels Blankoindossament übertragbar. Die Indossierung an den Inhaber soll bei Orderschecks ebenfalls unzulässig sein. Das Giro des Bezogenen ist ungültig, die Indossierung an den Bezogenen kommt der Quittierung gleich. Letzterer Satz wird keine Anwendung finden, wenn der Scheck an Zweigniederlassungen des Bezogenen indossiert wird, die an einem anderen Orte sind. Der Indossant kann die Haftung für die Einlösung ablehnen, dagegen ist der Aussteller dazu nicht befugt. Das Giro auf einem Inhaberscheck sowie jede einem solchen Scheck beigesetzte Unterschrift ist ein Aval zugunsten des Ausstellers. Ob Aussteller oder Indossanten die Übertragung des Schecks untersagen können und mit welchen Folgen, wurde nicht erörtert. Nach deutschem und österreichischem Rechte ist die Rektaklausel zulässig. Über die Natur des Begebungsvertrages und das Recht des Schecknehmers auf die Deckung wurden keine Entscheidungen getroffen. Das einheitliche Gesetz wird sonach keinerlei Spuren der französischen Zessionstheorie an sich tragen. Das rechtfertigt nachträglich diejenigen neueren Scheckgesetze, die, wie z. B. das österreichische, wegen der Abkehr von dieser sehr anfechtbaren Theorie ebenso heftig wie unmotiviert angegriffen wurden.

9. Präsentations- und Protestfristen. Die ersteren sind in den verschiedenen Gesetzen sehr ungleich bemessen. Da dies meistens mit den geographischen und Verkehrsbedingungen der einzelnen Territorien zusammenhängt, so wäre es vielleicht am richtigsten gewesen, wenn von einer Einigung in dieser Partie abgesehen und die Fixierung dieser Fristen vorweg dem Landesrechte überlassen worden wäre. Das ist bedauerlicherweise nicht geschehen. die Konferenz hat vielmehr Beschlüsse gefaßt, die vielen Ländern in der einen oder anderen Beziehung gegen den Strich gehen dürften.

---

[4]) a. a. O. S. 36.

Die territorialen Scheckgesetze stufen in der Regel die Vorlagefrist ab, je nachdem es sich um Platz- oder Distanzschecks handelt, und gehen bei Platzschecks, soweit sie feste Fristen aufstellen, nicht über acht Tage hinaus; die Vorlagefrist für Distanzschecks beträgt häufig gleichfalls weniger als zehn Tage. Das deutsche Scheckgesetz unterscheidet zwischen In- und Auslandschecks und verlangt für die Inlandschecks die Präsentation binnen zehn Tagen nach der Ausstellung. Die Konferenz hat für die Vorlage eine einheitliche Minimalfrist von zehn Tagen bestimmt, die durch die nationale Gesetzgebung für Auslandschecks verlängert werden darf. Das involviert für die meisten Länder außerhalb des Deutschen Reiches eine Ausdehnung der Frist, während welcher die Deckung für Platzschecks in Bereitschaft gehalten werden muß, und wenn der Scheck auf der einen Seite dadurch eine längere Umlaufszeit erhält und mit einem Scheck mehr Zahlungen effektuiert werden können, so bindet es auf der anderen Seite um so länger alle Deckungsfonds, wodurch die wirtschaftlichen Vorteile der Fristerweiterung jedenfalls eine Einbuße erleiden. Eine solche Zugabe wurde in den wenigsten Ländern, die bisher kürzere Fristen hatten, begehrt und schon in der Konferenz meldeten sich Vertreter solcher Gebiete und erklärten die unterschiedslose Frist von zehn Tagen für zu lang. Auf der Konferenz der mitteleuropäischen Wirtschaftsvereine in Brüssel hat einer der Berichterstatter dargelegt, daß es zum mindesten für Inlandschecks nicht angehe, die Vorlagefrist durch ein internationales Reglement festzusetzen, weil der Umfang der Staatsgebiete und die Verkehrseinrichtungen zu sehr differieren, als daß dieselbe Frist allen örtlichen Bedürfnissen in gleichem Maße entsprechen könnte. Es hat wahrhaftig keinen ersichtlichen Grund, dieses Moment nur für Auslandschecks zu berücksichtigen, statt der nationalen Gesetzgebung anheimzugeben, auch für Inlandschecks die zehntägige Frist abzukürzen, wenn sie dies für nötig hält. Die Rücksichten auf den internationalen Scheckverkehr hätten im Gegenteile eher gefordert, auf einer fixen, überall gleichen Frist gerade für Auslandschecks zu beharren; was im Inland geschieht und über das Inland nicht hinausreicht, ist vom internationalen Standpunkte wohl nebensächlicher. Bloß auf Inlandschecks bezogen würde eine fakultative Abkürzung kaum dem Bedenken begegnen, daß ohne einheitliche Minimalfrist die Landesgesetzgebungen in der Lage wären, durch zu kurze Präsentationsfristen das Ziehen von Schecks aus entfernten Ländern überhaupt zu hindern! Das ist wirklich sehr weit hergeholt. J. Rießer hat schon in der mehrgedachten Scheckkonferenz in Budapest als selbstverständlich angenommen, daß die Vorlagefristen inländischer Schecks in jedem Lande beliebig geregelt werden können. Darauf wird auch zu bestehen sein.

Der Vorlage der Schecks wird die ordnungsmäßige Einreichung in einer Abrechnungsstelle in jeder Hinsicht gleich geachtet.

Die Frist für den Protest wegen Nichteinlösung des Schecks soll von den Landesgesetzgebungen mit Bedacht auf die Vorlagefrist in der Art bestimmt werden, daß spätestens am letzten Tage der Vorlagefrist zu protestieren ist. Vom Proteste kann abgesehen werden, wenn der Bezogene selbst auf dem Scheck das Unterbleiben der Einlösung bestätigt. Wurde der Scheck bei einer Abrechnungsstelle eingereicht, so ersetzt deren Bestätigung den Protest. Diese Sätze sind in der Hauptsache dem österreichischen und deutschen Recht analog; nur der Ersatz des Protestes durch das Zeugnis des Bezogenen ist eine von der Deutschen Regierung beantragte Neuerung, der ohne weiteres beizustimmen ist.

Versäumung der rechtzeitigen Vorlage zieht den Verlust des Regresses gegen Indossanten und Aussteller nach sich, soweit nicht in letzterer Beziehung das Landesrecht Ausnahmen kennt. Unter dieser Reservation sollen nach Ansicht der Konferenz die verschiedenen Normen Platz finden, die dem Scheckinhaber ungeachtet des Verlustes des Regreßrechts Leistungs-, Ersatz- oder Entschädigungsansprüche gegen den Aussteller erteilen. So z. B. der Regreß gegen den Aussteller, wenn vor Ablauf der versäumten Vorlagefrist über das Vermögen des Bezogenen Konkurs eröffnet wurde (Frankreich), die Bereicherungsklage des deutschen Scheckgesetzes, der Rückgriff auf das der Scheckausstellung zugrunde liegende Rechtsverhältnis in Österreich usw. Die Regreßklage soll in sechs Monaten verjähren, eine Frist, die jetzt nach dem deutschen und österreichischen Scheckgesetze nur für im Auslande zahlbare Schecks gilt.

10. Annahme. Es war vorauszusehen, daß über das Akzept ein Einverständnis kaum zu erzielen sein wird. In Wirtschaftsstaaten ersten Ranges wie England und die Vereinigten Staaten (letztere in der Gestalt des Certifying), in Frankreich, Belgien und Holland steht das Scheckakzept in Kraft, in den Ländern des neueren Scheckrechts (Deutsches Reich, Österreich, Ungarn, Italien, Schweiz und die skan-

dinavischen Reiche) ist es gesetzlich verboten. Zwischen diesen beiden konträren Standpunkten gibt es keinen Mittelweg, kein Halbieren und so gab denn die Konferenz beiden Auffassungen Recht. Der Beschluß ging nämlich dahin, die Akzeptierung im einheitlichen Scheckgesetze auszuschließen, dagegen in der Konvention die einzelnen Staaten zu autorisieren, dieses Verbot für ihr Gebiet nach ihrem Gutdünken aufzuheben oder zu modifizieren. Für diesen Beschluß ergab sich natürlich eine Mehrheit, weil er jedem vollkommen freie Verfügung läßt. In den Ländern des Akzeptverbotes soll ein auf den Scheck gesetzter Annahmevermerk als nicht vorhanden betrachtet werden. Die internationale Einheit des Scheckrechts wird also in dieser Frage darin bestehen, daß dieselbe Erklärung auf ein und demselben Scheck je nach der Lokalität Akzept, Zertifikation oder gar nichts ist! Das österreichische und deutsche Scheckgesetz werden nicht angetastet. Eine Folgerung aus dem grundsätzlichen Akzeptverbote ist der weitere Beschluß, wonach der Bezogene keine Scheckbürgschaft (Aval) übernehmen könne; daß es in Ländern, welche die Akzeptierung dulden, anders sein solle, wurde nicht beigefügt. Im Deutschen Reiche wird ein Aval nicht für zulässig gehalten.

11. Widerruf. Die partikulären Scheckrechte stimmen hier abermals nicht überein. In England endigen Recht und Pflicht des Bankiers, einen auf ihn gezogenen Scheck einzulösen, sowie er vom Aussteller Gegenorder erhält. Der Scheck ist unbeschränkt widerruflich und der Widerruf für den als Beauftragten, als Agent des Ausstellers handelnden Bankier unbedingt verbindlich. Dem Verkehre scheint daraus kein Nachteil zu erwachsen, der englische Delegierte versicherte in der Konferenz, der Widerruf erfolge in der Regel nicht ohne ausreichende, gerechtfertigte Gründe. Es ist das ein Beweis, wie sehr die Wirkung gesetzlicher Vorschriften von ihrer Umwelt abhängt und wie enge selbst bei wörtlichem Gleichlauten der Bereich für überall gleich wirkende internationale Normen ist. Im Gegensatze zu England, dessen Auffassung sich auch die International Law Association (1910) angeeignet hat, gehen Frankreich und die neueren Scheckgesetze davon aus, daß die Unwiderruflichkeit des Schecks ein unerläßliches Erfordernis für die glatte Verwendung des Schecks als Zahlungsmittel sei — für Frankreich und seine scheckrechtliche Gefolgschaft steht das auch mit der Zession der Deckung im Konnexe —, und sie untersagen entweder den Widerruf schlechthin oder erlauben ihn nur, sofern

er nach Versäumung der Präsentationsfrist oder für den Fall nicht rechtzeitiger Präsentation erfolgt. Der Widerruf wird letzterenfalls erst nach Ablauf der Vorlegefrist wirksam. So insbesondere das österreichische und deutsche Scheckgesetz. Diese Spaltung kam prompt in der Konferenz zum Vorscheine, und, da sich die Delegierten zweier Staaten, die den Widerruf ablehnen, aus Ursachen, über die der Verhandlungsbericht keine Aufschlüsse gibt, der Abstimmung enthielten, ergab sich hinsichtlich der Frage, ob der Widerruf vor Ablauf der Vorlagefrist unwirksam sein solle, Stimmengleichheit (9 zu 9). Das ist ein non liquet. Sodann wurde auf Antrag des deutschen Delegierten mit Stimmenmehrheit der Satz angenommen, wenn ein Scheck verloren oder entwendet worden sei, werde der davon rechtzeitig benachrichtigte Bezogene durch die Einlösung dieses Schecks nur dann „valablement liberé", wenn der Scheckinhaber seinen guten Glauben nachweise. Es sollte dies jene Delegierten befriedigen, welche die Widerruflichkeit deshalb befürworteten, weil sie ein notwendiger und der beste Schutz gegen die Gefahr des Verlusts oder der Entwendung von Schecks sei. Man hofft offenbar, sie auf diese Weise mit dem Verbote des Widerrufes zu versöhnen und einer Majorität für die letzte Entscheidung die Wege zu ebnen. Ob das gelingt, ist einstweilen ungewiß. Was den neuen Rechtsatz selbst anlangt, würde die Avisierung des Verlustes zwar etwas vom Widerrufe verschiedenes sein, dem Bezogenen wird jedoch damit eine ungleich größere Verantwortlichkeit aufgelastet, als sie ihm heute obliegt. Er wird auf sein Risiko die manchmal sehr delikate und unklare Frage entscheiden müssen, ob der Inhaber den Scheck gutgläubig erworben habe, ohne daß ihm dabei andere Erkenntnismittel als die Angaben des Inhabers zu Gebote stehen. Ist er zu skeptisch, würde er wohl dem Inhaber haften, ist er aber zu leichtgläubig, wahrscheinlich dem Aussteller, und seine Entscheidung wäre natürlich in keiner Hinsicht etwas endgültiges, sondern im Hintergrunde lauern Klagen und Prozesse. Die Bezogenen werden daher über dieses Plus an Verantwortung und Pflicht nicht entzückt sein, und man würde es den Banken und Bankiers kaum übelnehmen können, wenn sie verlangen, es möge ihnen lieber auf eine summarische Prüfung des Sachverhaltes hin vom Gerichte der Auftrag erteilt werden, die Zahlung zurückzuhalten. Sie selbst sollte man nicht zu Richtern machen. Es kann auch, was nicht zu übersehen ist, das Aviso mißbraucht werden, wogegen der Bezogene ganz hilflos ist.

Der Rechtssatz wird deshalb noch sehr genau unter die Lupe zu nehmen und manches daran zu feilen sein, bevor er sich zur Einrückung in ein Gesetz eignet. Der internationale Sieg der Unwiderruflichkeit würde vielleicht damit zu teuer erkauft, in den Ländern, welche die Widerruflichkeit verwerfen, hat man ihn bis nun ganz gut entbehrt.

12. Klage gegen den Bezogenen. Die Vertreter Deutschlands, Österreichs und Ungarns verneinten die Frage, ob das einheitliche Scheckgesetz dem Scheckinhaber einen direkten Klageanspruch wider den Bezogenen gewähren solle. Es stand dies im Einklange mit ihren territorialen Scheckrechten, deren einschlägige Bestimmung auch J. Rießer verteidigt hat. Die französische Vertretung wünschte eine Lösung, die das Klagerecht gegen den Bezogenen nicht unbedingt ausschließe, weil dem Inhaber unter Umständen ein Anspruch auf die Deckung gebühre. Sie schlug daher vor, ebenso wie es mit dem Wechsel gehalten worden sei, diesen Punkt im einheitlichen Scheckgesetze nicht zu regeln, sondern ihn den nationalen Gesetzgebungen zu überweisen. Es wurde beschlossen, in der Konvention zu bemerken, daß die Frage des direkten Klagerechts gegen den Bezogenen außerhalb des Gesetzes und der Konvention gelassen werde. Die Landesgesetzgebung ist demnach darin nicht gebunden.

13. Verrechnungsscheck. Sicherheit dagegen, daß die Schecksumme nicht unberechtigten Personen ausgezahlt werde, suchen die verschiedenen Staaten teils in der Einrichtung des Crossing, des gekreuzten Schecks, teils im Verrechnungsscheck. Das Crossing hat in den letzten Jahren auch am Kontinente sich auszubreiten begonnen, Frankreich ist im Jahre 1911 dazu übergegangen (chèque barré), und in Belgien sind gleichfalls Anstalten für seine Einführung getroffen worden. Die Länder des gekreuzten Schecks würden schwer zum Verrechnungsscheck zu bekehren sein und umgekehrt, und es hat deswegen die Konferenz auch hier eine salomonische Entscheidung gefällt, indem sie beide Institute in das einheitliche Gesetz aufzunehmen beschloß; beide werden darin geregelt werden. Das Crossing im wesentlichen nach dem Muster des englischen Rechts. Also General und Special Crossing; der im gekreuzten Scheck genannte Bankier kann einen anderen Bankier substituieren; Aussteller, Indossanten und Inhaber sind zum Crossing befugt; dem General Crossing des Ausstellers oder eines Indossanten kann von einem Nachmanne ein Spezial Crossing hinzugefügt werden, hingegen läßt sich ein Scheck mit Special

Crossing nicht nachträglich generally sperren usw. Das Recht des Verrechnungsschecks soll nach Analogie des deutschen Scheckgesetzes geordnet werden, das nur in wenigen Kleinigkeiten vom österreichischen verschieden ist. Das Wichtigste geht aus den Verhandlungen nicht deutlich hervor, wie nämlich dieser Zweiseelenzustand gedacht ist. Sollen die beiden Institute den kontrahierenden Staaten zur Wahl gestellt sein, so daß sie das für ihr Gebiet besser passende vorschreiben, also eventuell nur eines davon im Lande gestatten können, oder sollen sie sich verpflichten, beide Arten von Schecks in ihrem Territorium zuzulassen, so daß die Parteien im einzelnen Falle wählen könnten? Gegen letzteres würden sich vermutlich sehr viele Länder sträuben, es wäre für den geschäftlichen Verkehr keineswegs empfehlenswert und brächte in die nun geordneten Verhältnisse eine unerwünschte Verwirrung. Dieser Punkt ist der Aufmerksamkeit der Delegierten zu empfehlen.

14. Duplikate. In Anlehnung an das deutsche Scheckgesetz ist die Konferenz der Ansicht, daß Namenschecks, mögen sie Order- oder Rektaschecks sein, in mehreren Ausfertigungen ausgestellt werden können, sofern sie in einem anderen Lande als dem des Ausstellungsortes oder in einem überseeischen Gebiete des letzteren Landes zahlbar sind.

15. Tod, Geschäftsunfähigkeit und Konkurs des Ausstellers. Der Tod oder eine Geschäftsunfähigkeit, die nach Ausschreibung des Schecks eingetreten sind, sollen auf die Stellung des Bezogenen und die Abwicklung des Scheckverhältnisses ohne Einfluß sein. Das österreichische Gesetz besagt das nämliche und im Deutschen Reiche gilt gleiches schon kraft bürgerlichen Rechts. Im einheitlichen Scheckgesetze den Einfluß zu regeln, den die Konkurseröffnung auf die Einlösung des Schecks ausübt, hat die Konferenz abgelehnt; es hat demnach beim territorialen Rechte sein Bewenden.

16. Fälschungen. In die Diskussion der scheckrechtlichen Folgen von Fälschungen (falsche oder verfälschte Unterschriften, Fälschung des Inhalts der Urkunde usw.) ist die Konferenz einstweilen noch nicht eingegangen. Es soll darüber nach Feststellung des Gesetzes über den Wechsel verhandelt werden. Man hegt allem Anscheine nach die Absicht, diese Materie für beide Arten von Urkunden gleichmäßig zu ordnen. Es wurde aber jetzt schon beschlossen, im einheit-

lichen Gesetze keinesfalls die Haftung für die Einlösung falscher oder gefälschter Schecks oder solcher Scheks zu regeln, die ohne Zustimmung des Ausstellers in Umlauf gesetzt worden sind. Damit ist auch für dieses heikle Problem das Landesrecht zuständig erklärt.

* * *

Das ist der Sukkus der Haager Beschlüsse über den Scheck, auf Grund deren nun wahrscheinlich, wie es für den Wechsel geschah, Vorentwürfe eines einheitlichen Gesetzes und der zwischen den Staaten abzuschließenden Konvention ausgearbeitet werden. Es wäre voreilig, schon jetzt zu erklären, man werde wegen des Mißfallens an einzelnen Beschlüssen der Konvention fernbleiben, wohl ist es aber nun möglich und — wie eingangs bemerkt wurde — auch an der Zeit, über die Haltung bei den weiteren Besprechungen mit sich zu Rate zu gehen. Mindestens in allgemeinen Umrissen sind die Aktiv- und Passivposten zu überblicken, von denen für die einzelnen Staaten der Wert ihres Beitritts abhängt. Sie werden die Beschlüsse zunächst an ihrem gegenwärtigen Rechte messen. Um letzteres zu verbessern, dazu sind wohl die wenigsten nach dem Haag gegangen, das ist Sache der Autonomie. Je mehr das uniforme Gesetz und die Konvention von ihrem Landesrechte belassen oder übernehmen, desto williger werden sich die verschiedenen Staaten ihnen anschließen. Denn jeder von ihnen ist sich gewissermaßen das Beste, Vollkommenste oder, wie Uhland sagte, jedem glänzt sein Vaterland. Ohne solche Selbstliebe und ohne Selbstbewußtsein könnte sich keiner in der Staatenwelt als Individuum behaupten. Es ist daher nicht ein niedriges Gesichtsfeld, sondern wenn man die Dinge nimmt, wie sie sind, einfach unvermeidlich, daß die einzelnen Staaten sich vor allem fragen, was sie die internationale Rechtseinheit kosten würde. Die Antwort darauf wird für das Deutsche Reich und für Österreich nicht ganz gleich sein. Deutschland schneidet bei den Beratungen wesentlich besser ab als Österreich. Wenn es die mitgeteilten Beschlüsse in Bausch und Bogen annimmt, würde es eigentlich nur auf die Guthabenklausel zu verzichten und das Aval sowie die Suspendierung der Einlösung von angeblich entwendeten oder verlorenen Schecks aufzunehmen haben. Alles übrige: das Verbot, daß Schecks zugunsten des Ausstellers nicht auf Inhaber lauten dürfen, kleine Modifikationen hinsichtlich der Protestfrist und der Verjährung der Regreßklagen u. a., ist weniger wichtig. Die Wünsche, welche die deutsche Regierung betreffs des Inhalts des einheitlichen Scheckgesetzes in ihrer Antwort auf das Questionnaire kundgegeben hat, haben sich fast durchwegs erfüllt. Nicht entsprochen wurde nur der Forderung, die sich mit dem unter Punkt 9 Gesagten deckt, daß nämlich die Regelung der Vorlagefristen für inländische Schecks den Landesgesetzen überlassen werde. Ein anderer Vorschlag wurde in der Konferenz zwar erwähnt, aber nicht ex professo erörtert. Es ist dies die Anregung, daß wegen Unsicherheit des Bezogenen auch dann solle Regreß genommen werden können, wenn der Bezogene sich zur Verrechnung bereit erklärt. Daß dem die Zustimmung verweigert wird, ist nicht zu präsumieren. Die Verlustliste Österreichs ist etwas größer. Außer der Guthabenklausel hätte es nämlich die strengere Sanktion für Schecks auf scheckunfähige Bezogene und die Wirkungslosigkeit einer Fristsetzung im Scheck preiszugeben und dazu noch die Verlängerung der Präsentationsfrist und die früher berührte Suspendierung der Zahlung in den Kauf zu nehmen. An minder Wichtigem kämen zu den für das Deutsche Reich angeführten Änderungen noch kleinere Änderungen hinsichtlich des Zahlungsortes und des Indossaments, die Zulassung des Zahlstellen-Schecks, Erweiterung der Protestfrist und die Gestattung von Scheckduplikaten, Änderungen und Ergänzungen, die allerdings zum Teile den von Österreich in der Beantwortung des Questionnaires vorgebrachten Forderungen Genüge tun, zum Teile jedoch (z. B. betreffs des Zahlungsortes, der Protestfrist usw.) seinen Forderungen widerstreiten oder wenigstens den korrespondierenden Vorschriften gegenwärtiger Geltung nicht immer vorzuziehen sind. Daß Österreich die Rechtseinheit teurer zu bezahlen hätte als das Deutsche Reich, daran sind nicht die Personen oder die Verhandlungstaktik schuld, sondern es erklärt sich sachlich. Der Rigor der Normen des österreichischen Scheckgesetzes ist verglichen mit dem deutschen Rechte durchwegs größer. Um den Scheckverkehr zu heben, wollte es Mißtrauen verhüten, erziehen, und strebte, wie gesagt, die tunlichste Ausbreitung bargeldloser Zahlungen an. Es ist das Recht eines Landes, das für einen volkstümlichen Aufschwung des Schecks in der Hauptsache erst durch Disziplinierung des Zahlungsprozesses zu gewinnen ist. Daher die Versperrung aller Seitenwege, der Verkehr sollte auch gegen seinen Willen auf die erwünschten Linien gedrängt werden. In Gebieten mit einem alt überlieferten Scheckwesen oder in solchen, wo die Zahlungstechnik schon allgemein höher entwickelt ist, ist das nicht im selben Grade notwendig. Sie können sich vielleicht mit einem schwächeren Compelle begnügen, die Übung, die ganze Orientierung des Wirtschaftslebens tun im übrigen das meiste von selbst. Sie werden deshalb eine schwerere Rüstung, mehr Gebundenheit als einen Rückschritt empfinden und ihre Sympathien gehören von vornherein den freieren konniventeren Bestimmungen, den gelinderen Sanktionen. Auf der Haager Konferenz saßen beide Gruppen nebeneinander, und es ist begreiflich, daß die Länder der zuletzt erwähnten Gruppe nach der Maxime in dubio mitius stimmten. Aus der Verschiedenheit der Entfaltung des Scheckwesens und aus der verschiedenen Aufgabe, die danach das Scheckgesetz konkret hat, erklärt es sich auch, warum Österreich bei der Abstimmung über die oben bezeichneten Normen häufig gerade diejenigen Staaten zu Genossen hatte, die gleichfalls zunächst für den Scheck eine feste Führung durch das Gesetz unerläßlich glauben. Für die Länder, die zum Werke der Vereinheitlichung sich verbinden wollen, sind eben nicht durchwegs die nämlichen Gesichtspunkte und Erwägungen entscheidend. Wo für den inländischen Scheckverkehr nichts mehr zu fürchten ist, kann mit einer schönen Geste der Einheit mehr hingegeben werden. Wo aber jedes wichtigere Zugeständnis am inländischen Verkehre sich rächen und kaum Gewonnenes verloren gehen kann, heißt es, genauer rechnen und sich nicht zu vorzeitigen Experimenten verlocken lassen, welche die Konsolidierung zu stören vermöchten. Immer wird der Inlandsverkehr im Vordergrunde stehen müssen. Gerade so wie es handelspolitisch verkehrt wäre, den Export durch das Aufgeben von Zöllen fördern zu wollen, bevor die Industrien, die ihres Schutzes bedürfen, erstarkt und leistungsfähig geworden sind. Das Verschwinden der Guthabenklausel und noch mehr das erleichterte Abrücken des Schecks von den Sammelstellen der Geldzirkulation, die Lockerung des Grundsatzes, daß der Scheck unter allen Umständen eine Sichtanweisung ist, die Verlängerung der Vorlagefrist, das sind einschneidende Wandlungen. Sie würden wohl auch in Österreich den Scheckverkehr nicht schlechtweg vernichten, indem sie aber das Bewußtsein der Verantwortlichkeit im Aussteller und das Vertrauen im Schecknehmer schwächen, den Aussteller in der Verfügung über das Guthaben für länger beschränken und es möglich machen, daß der Geldumsatz mittels Scheck sich zersplittert und unfruchtbar versickert, können sie zweifellos schaden.

Das ist Grund genug, um behutsam zu sein. Nach einem bekannten Sprichworte ist der Sperling in der Hand mehr als die Taube am Dache.

In die Rechnung sind jedoch nicht bloß die Einbußen einzustellen, sondern auch der Wert, der dagegen eingetauscht wird. Werden und würden sich die Opfer lohnen? Gesetzt, alles was man sich von den Vorteilen eines hemmungsfreien internationalen Scheckverkehrs verspricht, sei richtig und die Rechtsgleichheit sei dafür wesentlich, ist wirklich nach den mitgeteilten Ergebnissen der Konferenz des Jahres 1912 auf Gleichheit des Scheckrechts in den Hauptgebieten des Welthandels zu zählen? England und die Vereinigten Staaten scheinen überhaupt sich außerhalb der Konvention halten zu wollen. Eine unterrichtete Persönlichkeit sagte von ihnen, es sei wenig Hoffnung, daß diese beiden Reiche in irgendeiner Hinsicht ihre Gesetzgebung ändern, und darauf deutet auch die Zurückhaltung, deren ihre Vertreter in der Konferenz sich befleißigten. An den Debatten nahmen sie fast nur insofern teil, als sie auf Befragen Auskunft über ihr heimisches Recht gaben, und nur ein einziges Mal, um das Certifying zu empfehlen, ging der nordamerikanische Delegierte mehr aus sich heraus. Rechtsgleichheit in Schecksachen ohne England und die Vereinigten Staaten ist unleugbar ein Torso, der praktische Nutzen der Konvention würde dadurch sehr geschmälert. Selbst das Bruchstück aber, als das sich dann die Konvention darstellt, würde die Bezeichnung Rechtsgleichheit oder Rechtseinheit nur a non lucendo tragen. Geht man nämlich die früher unter 1 bis 15 besprochenen Fragen durch, so entdeckt man, daß in nicht weniger als elf von ihnen die nationalen Gesetzgebungen die Vollmacht erhielten, von der loi uniforme mehr oder weniger abweichendes Recht zu schaffen. So, um nur an wichtigeres zu erinnern, in Bezug auf passive Scheckfähigkeit, Begebung ungedeckter Schecks, Zulassung von Zahlstellen, Präsentations- und Protestfristen, Annahme oder Zertifizierung, Regreß gegen den Aussteller nach versäumter Präsentation, Ansprüche des Inhabers gegen den Bezogenen, Verrechnungs- und gekreuzte Schecks, Einfluß des Konkurses und zivilrechtliche Folgen der Einlösung gefälschter Schecks. Es kommt hinzu, daß das angeblich einheitliche Recht über den Zeitsichtscheck — wie schon erwähnt wurde — sich faktisch in nicht leicht zu überschauende territoriale Divergenzen auflösen würde. Einheitlich werden also nach den Konferenzbeschlüssen im großen und ganzen fast nur Bestimmungen zweiter Ordnung oder solche Normen sein, in denen die meisten territorialen Scheckrechte schon jetzt aus eigenem Antriebe identisch sind. Diese Gleichheiten zu formalisieren, macht den Wert der Konvention nicht aus, er müßte wohl darin gesucht werden, daß nun auch die mehr positiven Partien des Scheckrechts in möglichst weitem Umfange gleich würden. Die Aussicht, daß dies eintreten werde, ist augenblicklich gering, in diesen heikleren Materien wollen eine bald größere, bald geringere Zahl von Staaten ihr Recht nicht oder nur teilweise aufgeben, hier dauert die Zerrissenheit, oder, um höflicher zu sein: die Mannigfaltigkeit fort, und daß sie künftig kraft der Konvention, also international anerkannt, unter der Hülle formeller Einheitlichkeit fortbestehen würde, ist ein schwacher Trost. Überdies wurden aber die Beschlüsse, durch die bindende meritorische Normen für das einheitliche Gesetz festgestellt werden sollten, zumeist wieder nur in Dingen zweiter Ordnung oder in ohnehin wesentlich gleich geregelten Punkten mit Einstimmigkeit gefaßt. Einstimmig waren z. B. die Beschlüsse über die Bezeichnung des Zahlungsempfängers und über die Behandlung des Indossaments, ferner wurde Einstimmigkeit erzielt betreffs Berechnung der Vorlagefrist, Gleichstellung der Vorlage bei einer Abrechnungsstelle mit der Präsentation, Ersatz des Protestes durch ein Attest der Abrechnungsstelle, Einfluß des Todes und der Geschäftsunfähigkeit des Ausstellers, Verweisung auf das Wechselgesetz hinsichtlich Indossament und Regreß u. a. Sonst kamen, abgesehen von den Vorbehalten für das Landesrecht, die durchwegs stimmeneinhellig angenommen wurden, die Entscheidungen der Konferenz mittels Majorisierungen zustande, und, da die Überstimmten wohl kaum ausnahmslos sich allen gegen ihren Willen beschlossenen Normen unterwerfen werden, dürfte die Zahl der sicher einheitlichen Normen noch um ein erkleckliches zusammenschmelzen. Die Valuta für die angesonnenen Verzichte ist also kaum von der Art, daß sie beträchtliche Gegenleistungen und gar dem inländischen Verkehre abträgliche Veränderungen rechtfertigen würde. Der augenfällige Vorteil, den Scheck ganz so wie daheim in und nach allen Ländern als Zahlungsmittel benützen zu können, mit welchen das Wirtschaftsleben in Beziehung treten kann, diesen Vorteil wird man sich, wenigstens wie die Sache jetzt steht. mit aller Opferwilligkeit nicht erwerben können. Der Kaufmann oder Bankier wird auch dann auf die Eigentümlichkeiten und Partikularitäten des Auslands zu achten haben. wie er es jetzt tun muß, und nicht einmal den Gewinn wird er haben, daß die territorialen Besonderheiten sich auf minder Belangreiches einschränken. Die einzelnen Staaten werden unter solchen Umständen mit dem sogenannten einheitlichen Rechte sich einverstanden erklären können, wenn es ohne Selbstverleugnung zu haben ist, deswegen das Landesrecht in einem für die inländische Volkswirtschaft ungünstigen oder auch nur gefährlichen Sinne zu reformieren, wird man sich wohl überlegen müssen.

Daß die Resultate der Verhandlungen bis nun ziemlich mager waren, verhehlen sich auch die Delegierten nicht, und man predigt deshalb Beschränkung und Bescheidenheit. Auf der Brüsseler Konferenz der mitteleuropäischen Wirtschaftsvereine, von der schon die Rede war, wurde beispielsweise gesagt, es wäre schon zu begrüßen, wenn von allen Seiten einmütig die Beschränkung der passiven Scheckfähigkeit auf Banken und Bankiers, die Guthabenklausel, die Unwiderruflichkeit vor Ablauf der Vorlagefrist, das Verbot einer Zahlungsfrist und des Akzepts gutgeheißen und genehmigt würde. Andere werden eventuell Einigung über andere Punkte für noch wichtiger halten, doch die Haager Konferenz hat nicht einmal dieses Mindestprogramm erfüllt. In drei von den vier angeführten Gegenständen wurde der nationalen Gesetzgebung Freiheit gegeben und über die Unwiderruflichkeit kam wegen der Meinungsgegensätze überhaupt kein Beschluß zustande. Angesichts der Schwierigkeit, die Teilnehmer der Konferenz dort, wo die Gesetze auseinandergehen, unter einen Hut zu bringen, tauchte der Vorschlag auf, es bei einem „Rahmengesetze" bewenden zu lassen. Ein solches Gesetz würde nicht so sehr für die Gegenwart die Einheitlichkeit vermehren, da es der Hauptsache nach wohl nur das schon vorhandene Gemeinsame aus den partikulären Rechten herausheben und Maxima aufstellen könnte, sonst würde es wohl auf dieselben Schwierigkeiten stoßen wie das meritorisch einheitliche Gesetz, es könnte aber durch ein Rahmengesetz für eine bestimmte Periode zunächst einem weiteren Divergieren der Scheckgesetze vorgebeugt werden. Das wäre immerhin ein Fortschritt, und mit dieser Wendung könnte der Gedanke eines Rahmengesetzes als letzter Ausweg immerhin im Auge behalten werden.

Das Rahmengesetz stellt man sich, wie es scheint, gleich der loi uniforme, der man im Haag nachstrebt, als eine Norm sowohl für den inländischen wie für den Auslandsverkehr vor. Steckt nicht etwa gerade darin der Fehler? Werden die Schwierigkeiten analysiert, die durch die Haager Verhandlungen zutage getreten sind, so drängt sich unwillkürlich der Zweifel auf, ob nicht überhaupt das Prinzip der ganzen Vereinheitlichungsaktion, wenigstens was den Scheck anlangt, falsch ist und der geringe Erfolg so aufopfernden Bemühens und soviel guten Willens der Unrichtigkeit der Methode zuzuschreiben ist. Der offiziell verkündete Zweck der Vereinheitlichung ist die wirtschaftliche und kommerzielle Annäherung der Länder, die Wahrung und Unterstützung der Interessen des internationalen Wirtschaftsverkehrs; dem internationalen Scheckverkehre sollen Boden und Bahn geebnet werden, der Scheck soll für die internationalen Zahlungen leicht benutzbar werden. Dieses Ziel kann in doppelter Weise erreicht werden: durch Gleichheit der Landesrechte, so daß jeder Unterschied zwischen Inland und Ausland wegfällt, oder ohne die Landesrechte einzubeziehen, durch die Vereinbarung bindender Grundsätze und Regeln bloß für international verwendete Schecks. Sofern ersteres ausführbar ist, wird ihm der Vorrang gebühren, sollte dies aber auf unüberwindliche oder nur schwer zu beseitigende Hindernisse stoßen, dann muß man sich eben mit dem zweiten zufrieden geben; es ist immer noch besser, einen Teil als gar nichts zu erreichen und für den internationalen Verkehr wäre dieser Teil das wichtigere. Aus den gleich eingangs dargelegten Ursachen ist dermalen die Ungleichheit der nationalen Scheckrechte noch sehr bedeutend und die Konferenz hat bewiesen, daß einzelne Länder noch viel zu sehr mit ihrem Scheckrechte sich eins fühlen und ihm noch zu wenig objektiv gegenüberstehen, in anderen wieder das Scheckwesen noch nicht genug seinen inneren Schwerpunkt und seine natürlichen Grundlinien gefunden hat, als daß Aussicht wäre, durch vorurteilslose Kritik und rein rationelles Abwägen der verschiedenen scheckrechtlichen Systeme und Institute zu einem von allen nationalen Reflexen abgelösten universal gleichen Scheckrechte zu gelangen. Der Unifizierungsversuch, der unter dem Einflusse einer der suggestivsten Leitideen der Gegenwart, des internationalen Verkehrs unternommen wurde, war bis jetzt vergeblich und ob man voraussetzen darf, daß die nächste Konferenz ein völlig anderes Bild zeigen werde, darüber kann der Außenstehende kein Urteil abgeben. Es scheint nach allem die Zeit für die materielle Gleichheit des Scheckrechts nicht reif zu sein. Es ist ein Verdienst der bisherigen Beratungen, darüber aufgeklärt zu haben. Früher konnte man sich schmeicheln, die wichtigsten Verschiedenheiten mit einer großen gemeinsamen Anstrengung zu überbrücken, nun steht einstweilen fest, daß sie widerstandsfähiger sind als man dachte und höchstens an der Peripherie gewisse Konkordanzen hergestellt werden können. Damit scheint der Moment gekommen, sich die Frage zu stellen, ob trotzdem „unentwegt" auf dem ursprünglichen Ziele bestanden werden solle oder ob es nicht angemessener wäre, das Ziel der durch die Konferenz ermittelten Sachlage zu akkomodieren. Und fürwahr, ist es wirklich nötig, den Ossa auf den Pelion zu türmen, zu Verschiebungen im wohlüberlegten Gleichgewichte der territorialen Scheckrechtsordnungen zu zwingen, Unruhe in reibungslos arbeitende Rechtskomplexe zu tragen, Dinge, die sich nun geschichtet und geschlichtet haben oder nahe daran sind, wieder aufzurühren, alles nur um den internationalen Verkehr zu verbessern? Ist es wirklich eine gute Politik, die Verbesserung des Außenverkehrs durch Störungen und Erschütterungen des inländischen Verkehrs herbeizuführen? Wäre es nicht viel zweckmäßiger, den Außenverkehr zu ordnen, ohne das Recht des Binnenverkehres deswegen umzustülpen? Ist eine Neuordnung sämtlicher territorialer Scheckrechte an Haupt und Gliedern wirklich die unerläßliche Bedingung jener Außenreform? Hat denn wegen der Haager Konventionen über Ehescheidung und Vormundschaftsrecht das territoriale Ehe- oder Vormundschaftsrecht umgemodelt werden oder hat das Deutsche Reich wegen der Berner Union sein Urheberrecht durchwegs mit dem der übrigen Unionsstaaten gleichmachen müssen? In beiden Fällen ist man über einige für das internationale Recht hervorragend praktische Punkte übereingekommen, sonst aber kann in den bezüglichen Rechtsmaterien die Autonomie schalten. Sie bleibt das Prinzipale, während sie für den Scheck mittels der Konvention zu einer bloß subsidiären Rechtsquelle mit international verliehener begrenzter Kompetenz herabgedrückt werden soll, so daß, falls eine Bestimmung des einheitlichen Gesetzes, der des lieben Friedens wegen zugestimmt wurde, nachher in der Anwendung nicht entspricht, nur durch Kündigung der Konvention oder durch neue Konferenzen geholfen werden kann. Einzelne Rückwirkungen werden solche internationale Übereinkommen auf das inländische Recht stets üben, aber es ist ein Neubau des inländischen Scheckrechts überflüssig, bloß um die etlichen Punkte zu regeln, in welchen die Rechtsgleichheit ein dringendes Bedürfnis für den internationalen Scheckumlauf ist. Das sind dann einige bestimmte Postulate, denen jedes Staatswesen gern entsprechen wird und die nicht zu erfüllen in der Regel jeder Grund fehlt, sobald dessen ungeachtet der inländische Scheckverkehr sich in seinen gewohnten Geleisen fortbewegen kann. Wann und wie sie ihr inländisches Scheckrecht rekonstruieren wollen, das überlasse man den einzelnen Staaten, für die internationalen Schecks ist vorgesorgt, wenn kraft der übernommenen Verpflichtung diejenigen Ergänzungen für Auslandschecks in das inländische Recht eingefügt werden, die das Ausschreiben von Schecks von Land zu Land und die sichere Erledigung der Scheckobligation in einem anderen als dem Geburtslande des Schecks ermöglichen. Das würde keine so gewaltige Mühe machen, diese Lorbeeren können rasch gepflückt werden. Wenn es dann einen Staat gelüstet, eine oder die andere internationalrechtliche Bestimmung auch für Inlandschecks zu rezipieren, so mag er es freiwillig tun, er wird dann die Auslese nach seinen spezifischen Verhältnissen treffen und muß sich um eines partiellen Vorteiles willen nicht einem Schema unterordnen, das vielleicht zu neunzig Prozent auf ganz andere finanzielle, geschäftliche und rechtliche Zustände berechnet ist.

So würden sich gemeinsames und territoriales Recht versöhnen, und es würde den Staaten die Alternative erspart, entweder den internationalen Verkehr zu schädigen oder wider besseres Wissen dem Inlande Normen aufzudrängen, die ihm nicht frommen und die es nicht haben will. Gesetzes- und rechtstechnisch ist eine solche Sonderung durchführbar, sie hat genug Vorgänger und Vorbilder, nicht sie, sondern der Plan, nach dem bisher im Haag vorgegangen wurde, ist das Neue, Unerprobte. Ein Stück antizipiertes Weltrecht wird das einheitliche Wechselgesetz werden, doch nicht jeder beliebige Rechtsstoff kann zu jeder Zeit mit Weltgültigkeit geordnet werden. Die staatliche wie die Rechtseinigung, die oft zusammenfallen, sind nebst allerlei Imponderabilien von einer Summe ethnischer, politischer, sozialer, wirtschaftlicher, moralischer und geistiger Momente abhängig. Wissenschaftliche oder kosmopolitische Begeisterung hat darüber wenig Gewalt, in das werden sich die feurigsten Apostel des Weltrechts schicken müssen, sowie sie von den schwingenden Worten zur ehernen Tat schreiten. Diese Vorbedingungen der Vereinheitlichung fehlen dem Scheckrechte gerade in seinem gegenwärtigen Evolutionsstadium. Der internationale Kongreß der Handelskammern in Boston (1912) hat im Interesse von Industrie und Handel ein Weltscheckrecht verlangt, die Stimmung für die volle Vereinheitlichung hätte nicht besser sein können, doch sowie die Rede auf die Einzelheiten kam, stellten sich auch hier gleich die Schwierigkeiten ein. Einer der Redner meinte deshalb, man solle sich, da bei der Beratung von Einzelheiten doch eine Übereinstimmung nicht erzielt werden könne (!), darauf beschränken, es nur als einstimmige Meinung aller auf dem Kongresse vertretenen Nationen auszusprechen, daß versucht werden solle, ein einheitliches Scheckrecht für den Welthandel zu erlangen. Dieses ist, falls man nicht bloß an eine von Ausnahmen wie ein Sieb durchlöcherte Einheit denkt, noch fern. Es wäre aber ein Irrtum, wenn man darüber zu sehr enttäuscht wäre, denn die Art von Einheitlichkeit, die für das Scheckrecht gewollt wird, ist etwas ungewöhnliches, bisher hat man immer andere, minder radikale Mittel angewendet, um dem internationalen Rechts- und Geschäftsleben zu geben, was ihm nützt. Weil man das, vom Gelingen der Vereinheitlichung des Wechselrechts geblendet, leicht übersieht und aus dem Einmal eine Regel machen möchte, war darauf eindringlich hinzuweisen, damit man nicht, wenn das einheitliche Gesetz in letzter Redaktion wirklich den Beschlüssen des Jahres 1912 kongruent sein sollte, nur um ein Ergebnis zu retten, zu verhängnisvollen Abänderungen des inländischen Rechts sich überreden läßt und dies damit entschuldigt, daß einzig auf diese Art für die internationalen Zahlungen gesorgt werden konnte. Die Ruhe, mit der, durch internationale Rücksichten unbeirrt, zwei Länder gewaltigsten Weltverkehrs wie das britische Reich und die nordamerikanische Republik an den Grundsätzen ihres Heimatsrechts festhalten, beweist, daß ein Staat mitten im weltwirtschaftlichen Getriebe stehen und dennoch ohne Schaden Abmachungen für internationale Zwecke und innere Kodifikation voneinander scharf trennen kann. Die Ungleichheiten der territorialen Rechte lassen sich nicht einfach wegwischen und auslöschen. Die Völker sind infolge ihrer Natur und ihrer Geschichte verschieden und ihr Eigenwesen muß sich wie in Sitte, Kunst, Wirtschaft usw., so auch in ihrem Rechte ausprägen. Als im verflossenen Sommer auf einem Kongresse über die Möglichkeit und Wünschbarkeit einer Weltreligion gesprochen wurde, bemerkte einer der Redner, eine Universalreligion sei so wenig zu wünschen, als wir eine „Allerweltskunst oder ein überall gültiges Recht der Mannigfaltigkeit und dem Reize der durch Rassenunterschiede usw.

bedingten Kunst und Gesetzgebung vorziehen." Was nicht mit Seele und Geist des Volkes irgendwie in organischer innerer Berührung ist, kann für dieses nicht wahres Recht sein. Jeder Zweig des Rechts hat daher seine autochthonen Sätze und Einrichtungen, die anderswo überflüssig oder unangebracht sind. Die Haager Konferenz hat das durch die vielen Reserven gegenüber dem Landesrechte selbst für eine so spezielle und fachtechnische Partie wie das Scheckrecht bestätigt. Auch internationale Rechtsnormen können sich nicht einseitig nach dem Bedarfe des Verkehrs richten, sie müssen den natürlichen Erfordernissen des Rechts ebenso Rechnung tragen wie die rein nationalen Normen. Wir haben das Vertrauen, daß die Einsicht der beiderseitigen Regierungen das nicht verkennen und das partikulär Notwendige in dieser oder jener Form auch dort zu schirmen wissen wird, wo andere Länder anderes wollen. Damit wird nichts in Anspruch genommen, was wir nicht ebenso allen übrigen Staaten überzeugt zubilligen. Denn so sehr sich die Völker heute in der Wirtschaft gleichen, auch das Wirtschaftsrecht wird die Fühlung mit den Zuständen, der Denkweise und dem Charakter der Gesellschaft nicht verlieren dürfen, für die es bestimmt ist. Der weltumschließenden Einheit sind Grenzen gesetzt.

FSC
www.fsc.org
MIX
Papier | Fördert gute Waldnutzung
FSC® C083411

Kolibri 360 GmbH
Ferdinand-Jühlke-Straße 7
99095 Erfurt, Deutschland
produktsicherheit@kolibri360.de